신기한 스쿨버스

신기한 스쿨버스

⓭ 진화의 비밀을 파헤치다

조애너 콜 글 · 브루스 디건 그림 | 이한음 옮김 | 서울초등기초과학연구회 감수

비룡소

수십억 년에 걸친 진화 이야기를 검토해 준
미시간 대학의 캐서린 배질리 교수에게 감사를 드립니다.

신기한 스쿨버스

⓭ 진화의 비밀을 파헤치다

1판 1쇄 펴냄 — 2021년 3월 24일, 1판 2쇄 펴냄 — 2022년 8월 1일

글쓴이 조애너 콜 **그린이** 브루스 디건 **옮긴이** 이한음 **감수** 서울초등기초과학연구회
펴낸이 박상희 **편집장** 전지선 **편집** 이지은 **디자인** 정다울 **펴낸곳** ㈜비룡소
출판등록 1994. 3. 17.(제16–849호) **주소** 06027 서울시 강남구 도산대로1길 62 강남출판문화센터 4층
전화 영업 02)515–2000 팩스 02)515–2007 편집 02)3443–4318,9 **홈페이지** www.bir.co.kr
제품명 어린이용 각양장 도서 **제조자명** ㈜비룡소 **제조국명** 대한민국 **사용연령** 3세 이상

The Magic School Bus®: Explores Human Evolution by Joanna Cole and illustrated by Bruce Degen
Text Copyright © 2021 by Joanna Cole
Illustrations Copyright © 2021 by Bruce Degen
All rights reserved.
Korean Translation Copyright © 2021 by BIR Publishing Co., Ltd.
Korean translation edition is published by arrangement with
Scholastic Inc., 557 Broadway, New York, NY 10012, USA through KCC (Korea Copyright Center Inc.), Seoul.
Scholastic,THE MAGIC SCHOOL BUS®, 신기한 스쿨버스™ and/or logos are trademarks and registered trademarks of Scholastic, Inc.

이 책의 한국어판 저작권은 ㈜한국저작권센터(KCC)를 통해 Scholastic, Inc.와 독점 계약한 ㈜비룡소에 있습니다.
저작권법으로 한국 내에서 보호를 받는 저작물이므로 무단 전재와 무단 복제를 금합니다.

ISBN 978-89-491-5317-9 74400/ ISBN 978-89-491-5413-8(세트)

찰스 다윈이 탄 비글호

갈라파고스 거북

나의 손녀와 손자,
애나벨 헬름스와 윌리엄 헬름스에게
사랑을 담아!
— 조애너 콜

우리와 함께 여행한 전 세계의 모든 어린이들에게!
— 브루스 디건

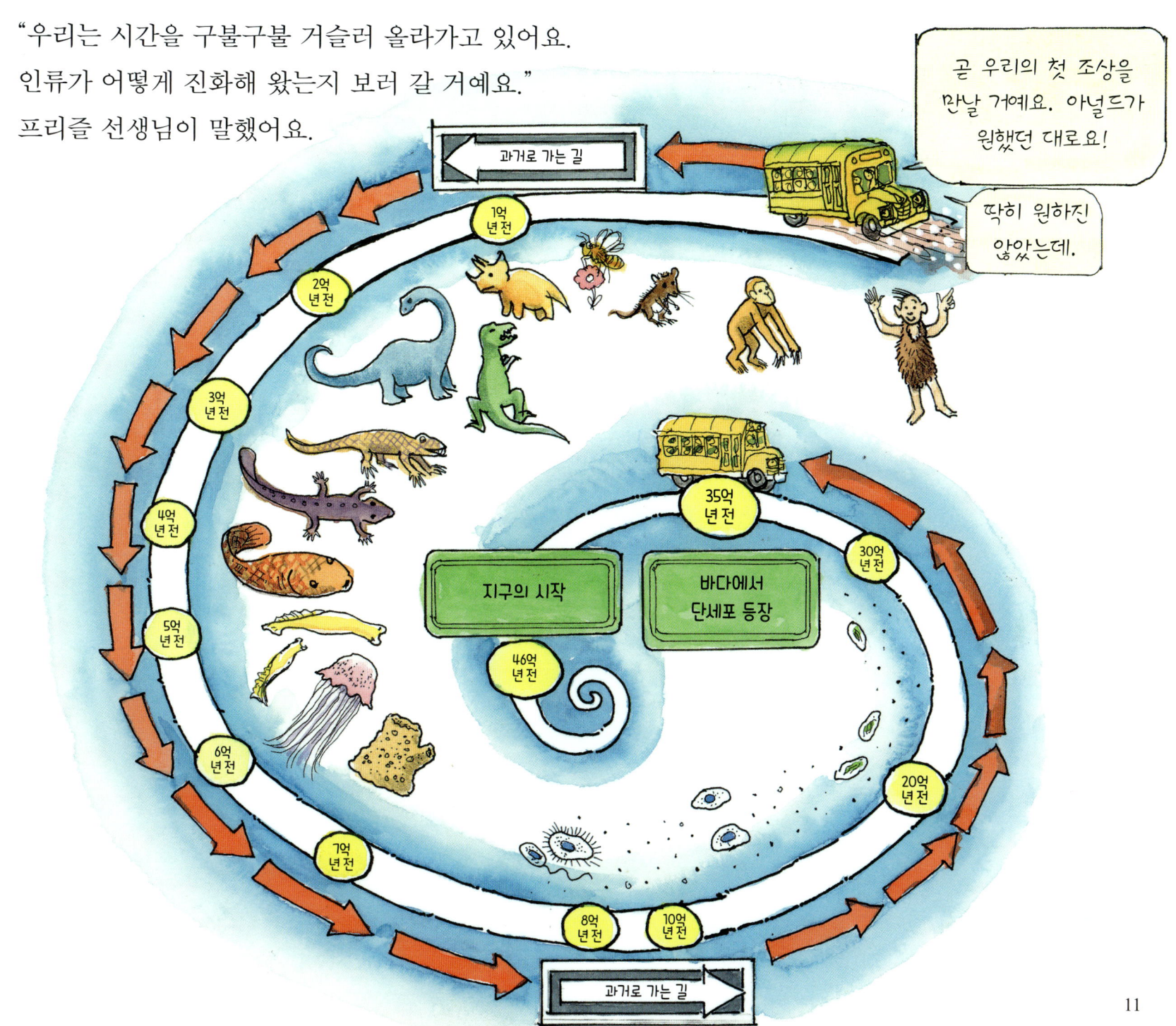

35억 년 전

"생명이 처음 생겨난 곳은 바다였대. 아주 작은 단세포가 살았다는데?"
도로시 앤이 책을 보며 말했어요.
그때 버스 문이 벌컥 열렸어요. 우리는 모두 데구루루 물속으로 밀려 나왔죠. 어느새 이상한 막이 온몸을 감쌌고요.
신기한 현장 학습이 시작된 거예요!

세포가 뭐예요?
— 완다

세포는 생물을 이루는 아주 작은 단위입니다. 크기가 너무 작아서 현미경으로 봐야 하지요. 세포 속에는 세포가 건강하게 살 수 있도록 돕는 소기관들이 있습니다.

우리는 무지 쪼끄매.

단세포 생물

단 하나의 세포로 이루어진 생물을 말합니다.

여러 세포가 모여서 큰 동물과 식물을 만들기도 합니다.

식물 세포

한 식물은 수백만 개의 세포로 이루어져 있습니다.

으아아악, 작아진다!

헉, 내 몸이 세포로 변하고 있어!

우리는 지금 진화의 시작점에 와 있는 거예요.
자, 모두 세포로 변신!

우리 학교에선 있을 수 없는 일이야.

곧 익숙해질걸?

"세포 안에 빙빙 꼬여 있는 물질이 보이나요? 저건 DNA(디엔에이)예요."
프리즐 선생님이 말했어요.
"얘들아, 저 세포를 봐!" 갑자기 팀이 소리쳤어요.
"반으로 갈라지고 있잖아?" 랠프도 외쳤어요.

세포가 두 개가 됐어!

저 세포는 자기 자신을 복제한 거야!

첫 번째 세포에 있던 DNA는 복제된 세포에도 똑같이 들어 있어요.

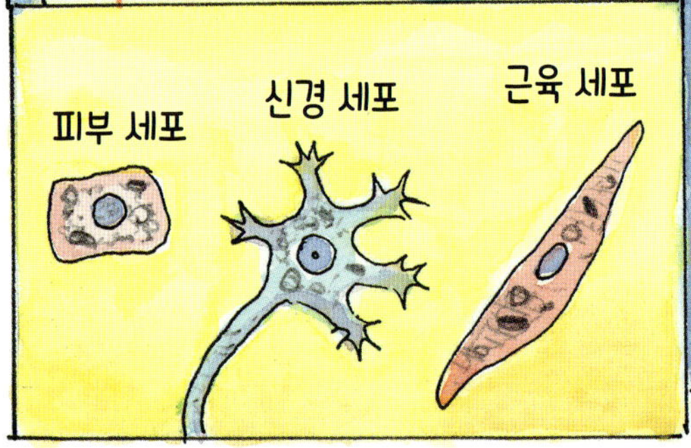

15억 년 전

커다란 세포는 계속 작은 세포들을 잡아먹었어요. 대부분은 먹히고 나면 죽었지만, 가끔 그 안에서 살아남는 작은 세포들이 있었죠. 그 작은 세포들은 어떻게 됐냐고요? 큰 세포의 소기관이 되었답니다! 프리즐 선생님은 큰 세포의 안이 전보다 복잡해졌다고 말했어요. 그리고 보니 우리도 아까보단 좀 복잡하게 생겨 보이네요.

이 복잡한 단세포가 바로 우리의 다음 조상이에요.

안녕!

작은 세포가 큰 세포의 일부가 됩니다.

새로운 세포의 등장
― 팀

새로 등장한 단세포 속에는 이전의 단세포보다 훨씬 많은 소기관들이 들어 있습니다.

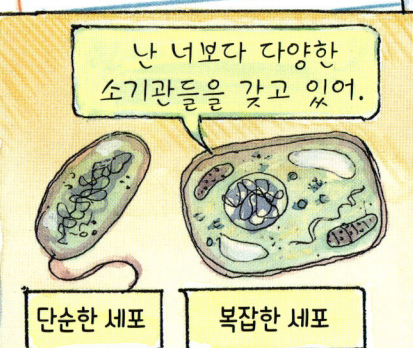

난 너보다 다양한 소기관들을 갖고 있어.

단순한 세포 / 복잡한 세포

세포는 점점 더 복잡해집니다.
― 피비

이 새로운 단세포는 사람과 같은 더 진화한 생물로 나아가는 첫 단계가 됩니다. 사람의 세포는 보다 더 다양한 소기관들을 가지고 있습니다.

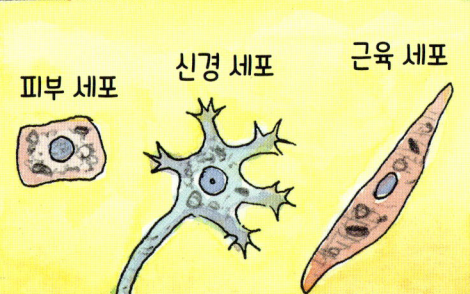

피부 세포 / 신경 세포 / 근육 세포

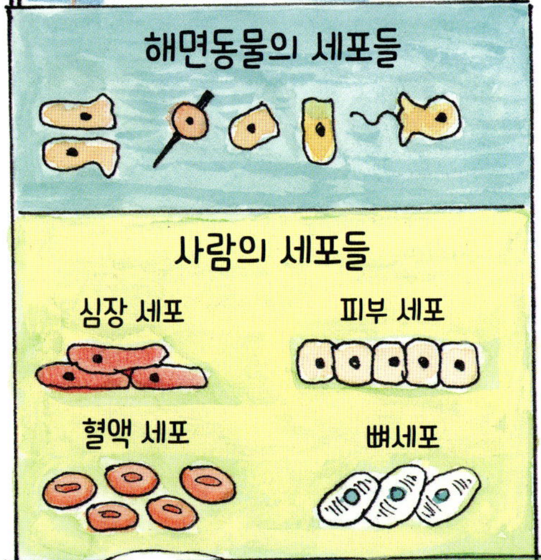

6억 3000만 년 전

"얘들아, 선생님을 따라가자." 랠프가 외쳤어요.
우리는 또다시 수천만 년을 나아갔어요. 그사이 새로운 동물이 등장했죠. 바로 무시무시한 촉수가 달린 해파리였어요.
이런, 우리도 해파리로 변하고 있네요.

으, 몸이 미끈거려!

여러분, 꾸물거릴 시간이 없어요. 사람이 등장하려면 아직도 6억 3000만 년이나 남았답니다.

사람과 해파리의 닮은 점

— 완다

해파리도 사람처럼 세포의 종류가 아주 많습니다. 세포가 모여서 조직을 이루고, 각 조직은 서로 다른 일을 하지요.

사람과 해파리의 다른 점

사람은 해파리보다 훨씬 세포 수가 많습니다. 해파리한테 없는 뇌와 척추가 있습니다.

너는 척추가 없구나!

너도 없으면서!

신경망(뇌랑 비슷한 역할)

몸 아래에 달린 입

침을 쏘는 촉수

척삭은 동물의 몸과 근육, 신경관을 지지해 주는 줄 모양의 기관이에요.

척삭

5억 3000만 년 전

눈 깜짝할 새 1억 년이 흘렀어요.
바닷속에 몸이 유연한 작은 동물이 보였지요.
"여러분은 지금 척삭을 가진 첫 번째 동물을 보고 있어요!"
프리즐 선생님이 흥분하며 말했어요.
"신기하지 않나요, 아널드? 척삭은 나중에 척추로 발달하거든요!"

우리 지금 벌레가 된 거야?

징그러워. 이 부분은 내 가계도에서 뺄래.

4억 5000만 년 전

시간은 계속 흘러갔어요. 생물들은 계속 변해 가고 있었죠. 이번엔 턱 없는 물고기가 등장했어요. 그런데 글쎄, 이 물고기가 바다 밑에 있는 징그러운 먹이들을 통째로 빨아들여 꿀꺽 삼키지 뭐예요?
우리는 우웩 하고 구역질을 했지만, 선생님은 이 물고기가 인류의 탄생으로 나아가는 중요한 단계라고 했어요.

4억 2000만 년 전

이번에는 지느러미가 광선 무늬로 된 물고기가 보였어요. 지느러미뼈가 마치 부채처럼 쫙 펼쳐져 있었죠. 그 덕분에 헤엄을 잘 쳤어요. 턱과 날카로운 이빨을 갖고 있어서 먹이를 잘 잡아먹었고요.

사람처럼, 광선 지느러미 물고기는 턱과 이빨이 있습니다.

가느다란 뼈가 부채처럼 뻗어 있습니다.

육지에는 이때쯤 식물, 진드기, 노래기, 전갈이 살고 있었습니다.

보, 저 물고기 헤엄치는 것 좀 봐.

윽, 다른 물고기를 잡아먹고 있어!

우아, 드디어 물장구칠 수 있다!

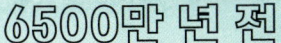

2500만 년 전

아프리카에서 영장류가 진화했어요. 인류로 이어지는 갈래가 나오게 되었지요. 맨 처음 진화한 것은 원숭이였어요!

내 꼬리 멋지지!

1500만 년 전

그다음엔 유인원이 있었어요. 유인원은 원숭이보다 몸집이 커서 무게가 많이 나가고, 뇌도 더 컸어요. 그리고 꼬리가 없었지요.

유인원은 똑바로 서서 걸을 수 있어요. 오래 걷지는 못하지만.

어? 꼬리가 없어졌어!

주로 네 팔다리를 땅에 디디며 걸었어.

800만 년 전

유인원의 갈래가 나뉘었어요. 어떤 갈래들은 다른 종류의 유인원으로 진화했지요. 우리는 그 유인원 갈래를 따라갔을까요? 아뇨! 인류로 이어지는 길을 따라 쭉 나아갔어요.

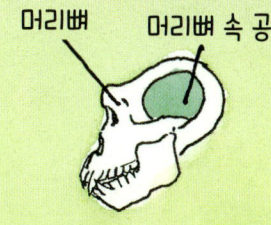 유인원
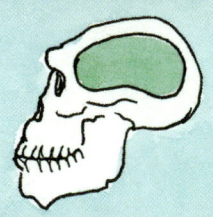 오스트랄로피테쿠스
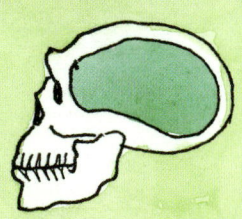 호모 에렉투스
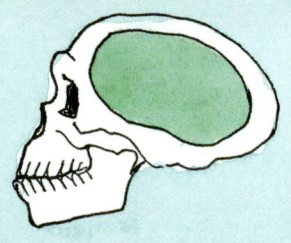 호모 하이델베르겐시스
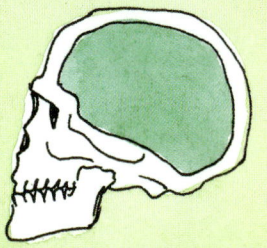 호모 사피엔스

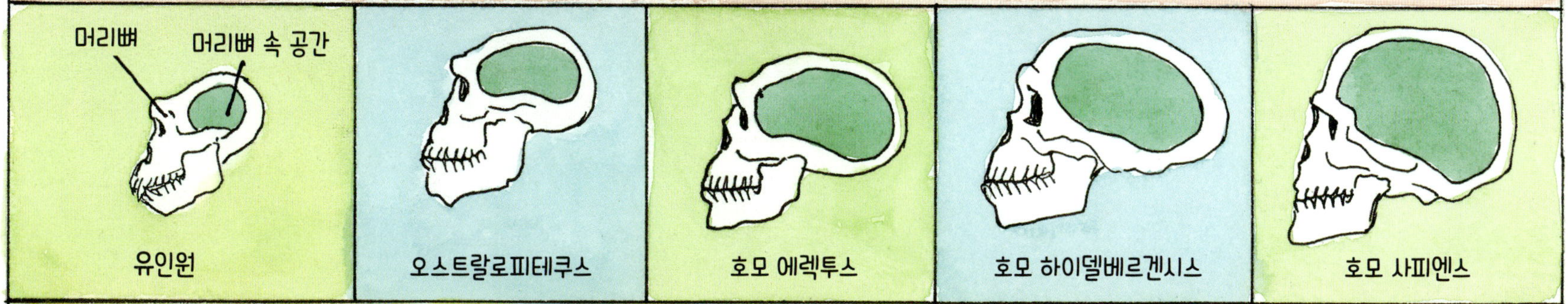

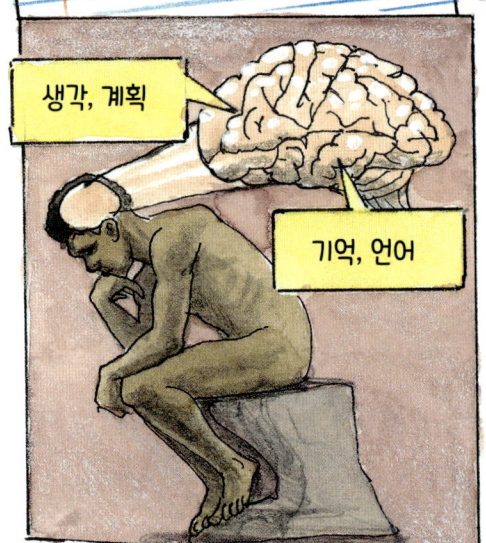

호모 사피엔스의 놀라운 뇌
— 키샤

그래서 할 수 있는 일:
- 말을 할 수 있어요.
- 예술 활동을 해요.
- 어려운 문제를 풀어요.
- 놀라운 발명을 해요.

생각, 계획

기억, 언어

우리는 아프리카에서 진화했어요.
— 레이철

예전에는 최초의 호모 사피엔스가 유럽에서 나왔다고 생각했어요. 하지만 과학자들이 그보다 오래전에 아프리카에 호모 사피엔스가 살았다는 증거를 찾아냈지요.

이윽고 아프리카에서 새로운 영장류가 진화했어요. 그들은 우리 사람이랑 완전 비슷했어요. 우리처럼 말하고, 생각하고, 배울 수 있었지요. 호모 사피엔스가 등장한 거예요!

호모 사피엔스

반가워요! 호모 사피엔스!

안녕!

내가 직접 만들었어!

안녕이 뭐야?

나도 모르겠는데?

장신구 만들기: 조개껍데기를 끈에 꿰었어요.

말하기, 계획 세우기

도구 만들기:

- 간석기
- 전복 껍데기
- 물감
- 뼈로 만든 도구

물감 만들기: 흙을 잘게 부숴서 동물의 지방과 섞었어요.

이 도구들로 몸에 무늬를 그렸어요.

"호모 사피엔스 이전의 영장류는 이런 일들을 못했어요."

창 만들기: 돌을 다듬어 뾰족한 촉을 만든 뒤, 막대기에 끼웠어요.

여기는 어디?

16만 년 전

아프리카에서는 왜 피부색이 어둡게 진화했을까요? —팀

아프리카는 다른 지역에 비해 햇빛이 아주 강해요. 짙은 피부는 피부가 햇빛에 손상되지 않게 보호해요.

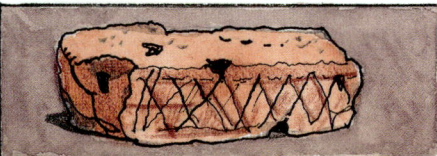

돌에 선 긋기: 미술 작품일 수도, 수를 센 것일 수도 있어요.

시간이 흐르면서 사람들은 각자 조그만 무리를 이뤄 아프리카를 떠났어요. 새로운 곳에 터를 잡고 살면서 각 지역에 맞게 몸이 진화했지요. 하지만 프리즐 선생님은 이런 차이가 별것 아니라고 했어요. 주요한 특징을 보면 사람은 다 비슷한 몸과 마음을 지녔대요.

우유 소화하기:
소, 염소, 순록의 젖을 짜 먹는 지역 사람들은 어른이 되어서도 우유를 소화할 수 있도록 진화했어요. (원래는 아기만 소화할 수 있었지요.)

옅은 피부로:
햇빛이 약한 지역의 사람들은 피부색이 옅어졌어요. (옅은 피부는 햇빛을 쬘 때 비타민 디를 만들기가 더 쉬워요.)

사람들은 자신이 배우고 만든 것을 가지고 아프리카를 벗어나 다른 지역들로 떠났어요.

아프리카 바깥으로:
호모 사피엔스는 네안데르탈인과 데니소바인이라는 인류들과도 번식을 했어요. 이 두 무리는 약 3만 년 전에 사라졌지만 우리 몸에는 그들의 DNA가 남아 있어요.

통통해진 몸:
몇몇 추운 지역 사람들은 키가 작아지고 몸이 통통해졌어요.
(체온을 따뜻하게 유지하기 위해서예요.)

다시 짙은 피부로:
햇빛이 강한 지역으로 옮겨 간 사람들은 다시 피부색이 짙어졌어요.

현장 학습 내내 보이지 않던 스쿨버스가 나타났어요. 우리는 재빨리 버스로 폴짝 올라탔지요.

스쿨버스야, 너무 반갑다.

어디 있다 이제 온 거야?

모두 버스에 타세요!

학교로 돌아가자!

43

이번 현장 학습으로 우리가 어디서 어떻게 왔는지 알았어요. 이제 또 새로운 궁금증이 생겨났지요.
"그럼 우리는 어디로 가고 있을까?"
우리는 아직 그 답을 몰라요. 하지만 프리즐 선생님과 함께라면 엄청나게 놀라운 일로 그 답을 찾아 주시겠죠?

우리 형네 반은 박물관에 갔대.

우리 반은 달라.

그럼, 아주 다르지.

아주 중요한 학교 규칙

1. 수업 시간에 시간을 거슬러 올라가서는 안 됨.
(11쪽에서 어겼음.)

2. 기니피그는 수업 시간에 말을 하면 안 됨. (9쪽에서 어겼음.)

3. 단세포는 어떤 상황에서도 말을 해서는 안 됨.
(13쪽을 볼 것.)

4. 학생은 부모나 보호자의 동의 없이 나무에 올라가서는 안 됨.
(32~34쪽과 37쪽을 볼 것.)

5. 선생님은 모닥불에 고기를 구워서는 안 됨. (39쪽 볼 것.)

6. 월요일부터 금요일까지, 학생은 세계 여행을 해서는 안 됨.
(44~45쪽 볼 것.)

이런 규칙이 있었어?

프리즐 선생님도 모르실 것 같은데?

진화의 증거를 찾아라!
진화가 일어난다는 것을 어떻게 알까요?

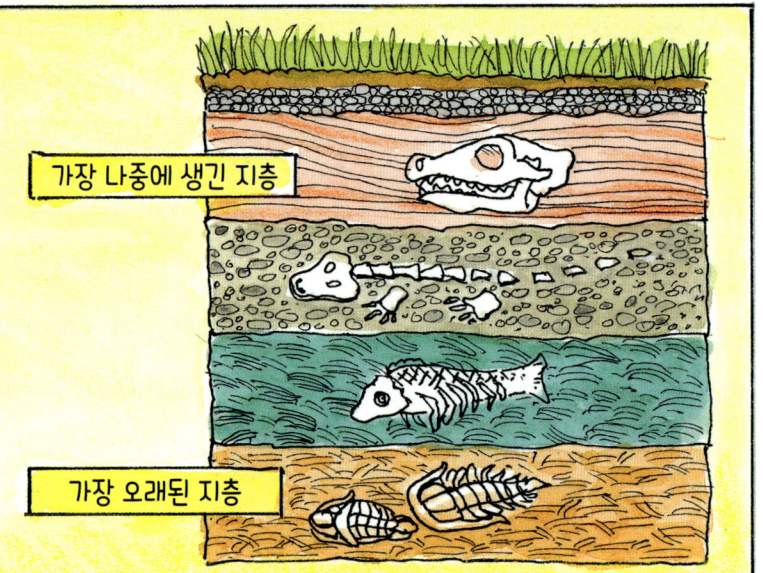

지층이 이야기를 들려줘요!

지구는 돌이나 모래, 진흙 등이 겹겹이 쌓인 지층으로 이루어져 있어요. 땅 깊숙이 자리 잡은 오래된 지층일수록 구조가 단순한 생물의 화석이 들어 있어요. 최근에 생긴 지층일수록 구조가 복잡한 생물의 화석이 나오고요. 그게 바로 시간이 흐르면서 생명이 진화했다는 증거예요.

화석을 연구해요!

오래전에 살던 물고기의 지느러미 화석에서 척추동물들에게 있는 손발의 기초가 된 뼈 구조를 발견했어요. 이런 특징을 통해 생물이 어떻게 진화해 왔는지 알 수 있어요.

지느러미가 손발이 돼요!

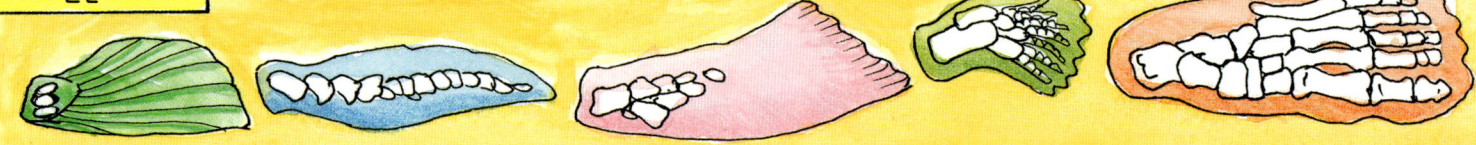

몸의 구조를 비교해요!

서로 전혀 달라 보이는 동물이라고 해도 뼈와 신체 부위들이 비슷하면, 이들은 서로 친척이라는 뜻이에요. 진화를 거치면서 두 동물이 서로 완전히 달라지지는 않았다는 뜻이지요.

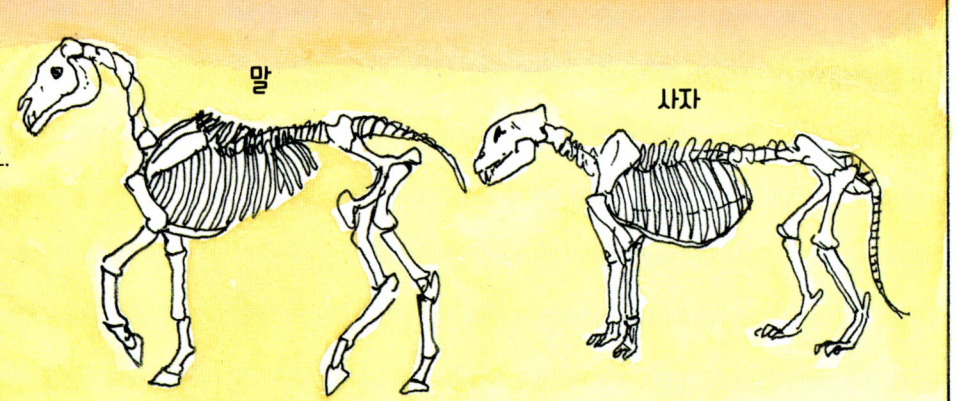

맨 처음 모습을 비교해요!

배아는 수정란이 두 개로 갈라진 뒤부터 태아나 새끼로 변하기 직전까지를 뜻해요. 서로 다른 동물이라도 처음에는 배아의 모습이 비슷해서 구별하기가 어려워요.

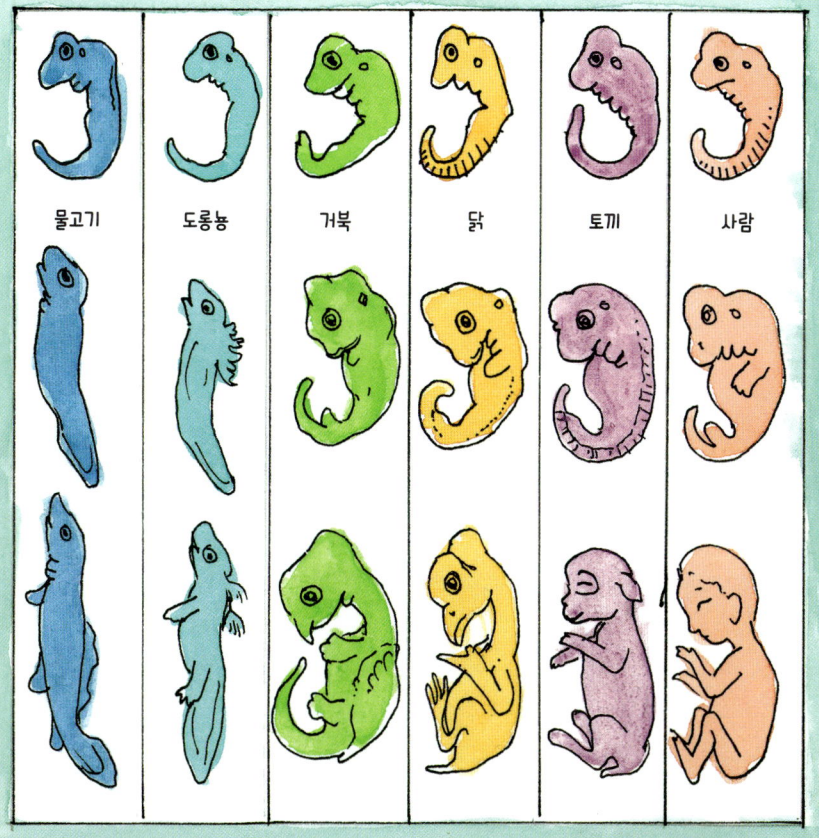

물고기 / 도롱뇽 / 거북 / 닭 / 토끼 / 사람

쓸모가 없어져 흔적만 남은 기관을 살펴요!

동물의 몸에는 더 이상 쓰이지 않지만 그들의 조상이 사용한 흔적을 보여 주는 기관이 남아 있곤 해요. 예를 들어 고래는 몸속에 조그만 다리뼈가 남아 있어요. 고래가 육지를 걸어 다니던 동물로부터 진화했음을 보여 주지요.

DNA를 분석해요!

사람을 비롯한 모든 생물의 DNA는 전부 똑같은 물질과 모양으로 이뤄져 있어요. 두 개의 긴 가닥이 서로 뱅뱅 꼬여 있는 모양이지요. 무시무시한 세균, 달콤한 바나나뿐 아니라 고양이, 강아지, 유인원 모두 마찬가지예요. 단, 한 가지 차이점이 있어요. DNA를 이루는 화학 물질의 배열 순서가 각각 달라요.

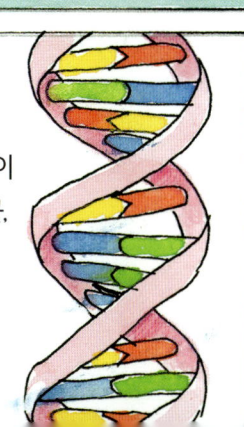

지금도 진화가 일어난다고요?

네, 여전히 계속되고 있어요.

세균과 바이러스는 약에 내성을 띠는 쪽으로 진화해요. 내성은 세균과 바이러스가 약을 이기는 힘을 말해요.

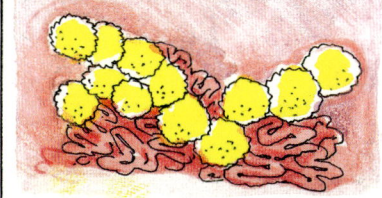

잡초는 제초제에 내성을 띠어요.

모기 같은 해충은 어떤 살충제도 듣지 않는 쪽으로 진화해요.

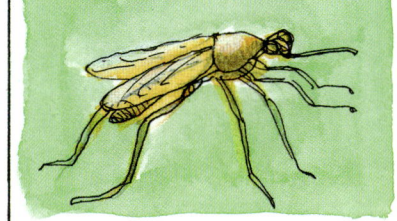

사람들은 새로운 병균과 해충에 맞서기 위해 새로운 약과 살충제를 개발하려고 애써요.

진화는 어떻게 이루어지나요?

진화를 밝혀낸 찰스 다윈

다윈은 100년도 더 전에 살았던 과학자예요. 자연 선택이라는 과정을 통해 진화가 일어난다는 내용을 담은 유명한 책을 썼어요.

자연 선택은 말 그대로 자연이 선택한다는 뜻이에요.

1. 하얀 모래가 깔린 바닷가에 생쥐들이 옹기종기 모여 살고 있었어요.

2. 하얀 생쥐도 있고 갈색 생쥐도 있었지요.

3. 생쥐를 잡아먹는 매는 하얀 모래밭에 있는 하얀 생쥐를 잘 보지 못했어요.

4. 그러자 얼마 뒤, 모래밭에는 거의 하얀 생쥐만 살아남았어요.

5. 가까이에 검은 모래가 깔린 바닷가가 있었어요. 거기에도 생쥐들이 살았지요.

6. 그 바닷가에서는 매가 하얀 생쥐만 잡아먹었어요. 검은 모래 때문에 갈색 생쥐는 잘 보이지 않았거든요.

7. 갈색 생쥐는 갈색 새끼 생쥐들을 낳았어요. 시간이 흐르자, 그 바닷가에는 거의 갈색 생쥐들만 남았지요.

이런 과정을 자연 선택이라고 해요. 그 환경에 적응하기 알맞은 생물이 더 잘 살아남는다는 원리지요. 매와 검은 모래밭이 일부러 갈색 생쥐가 더 많이 살아남도록 한 것은 아니니까요. 하얀 생쥐가 더 눈에 확 띄었기 때문에 자연스럽게 벌어진 일이에요.

자연처럼 사람도 선택을 해요
자연이랑 다르게, 사람은 어떤 목적을 가지고 스스로 선택을 해요.

농부는 우유를 더 많이 짤 수 있는 소를 원해요. 그래서 그런 소들을 골라서 교배를 시켜요.

그렇게 태어난 새끼들 가운데 우유를 더 많이 만드는 소들이 있어요.

그 새끼들을 골라서 다시 교배를 해요. 그렇게 여러 번 되풀이하면 농부는 우유를 더 많이 만드는 소들을 키우게 될 거예요.

사람의 선택을 통해서 다양한 동물과 식물들이 생겨났어요!

닭은 전부 같은 조상에게서 나왔지만, 지금은 그 모습이 제각각이에요.

사람들은 서로 다른 꽃을 골라 교배시켜요.

개는 늑대로부터 진화했어요. 그 뒤로 사람들은 이런저런 특징을 가진 개들을 서로 교배시켰고, 그 결과 지금처럼 몸집과 모습이 다양한 개들이 생겨났지요.

신기한 과학 암기 카드 게임을 해 보자!

❶ 캐릭터가 크게 그려진 쪽이 보이게 카드를 흩트려 놓고, 가위바위보를 한다.
❷ 이긴 사람이 'Q' 카드 중 한 장을 골라 질문을 크게 읽는다.
❸ 그런 다음, 'A' 카드도 한 장 골라 답을 크게 읽는다.

 **호모 에렉투스**
잘하는 것: 뚝딱뚝딱 도구 만들기는 자신 있어!

지느러미뼈가 부채처럼 쫙 펼쳐져 있어요. 턱과 날카로운 이빨을 갖고 있어서 먹이를 잘 잡아먹었어요.

신기한 스쿨버스 ⑬

 단세포
특기: 나 하나 더 만들기!

입이 없고 작은 스펀지처럼 생긴 동물은? 힌트는 바위!

신기한 스쿨버스 ⑬

 리즈
환상의 단짝: 프리즐 선생님과 그 반 친구들.

포유류! 후후, 이 정도는 기본이라고? 과학 박사가 다 됐구나!

신기한 스쿨버스 ⑬

 완다
하고 싶은 말: 이번 현장 학습이 마지막이라는 게 정말인가요?

육지에 처음 등장한 식물은 뭐였을까? 그리고 식물이 먼저 생겼게, 동물이 먼저 생겼게? 기억을 떠올려 봐!

신기한 스쿨버스 ⑬

 양서류
나이: 대충 3억 6500만 살.

정답은 호모 사피엔스. 예술 활동도 하고, 때로는 놀라운 발명도 하지.

신기한 스쿨버스 ⑬

 랠프
새로 알게 된 사실: 우리의 시작이 쬐끄만 단세포라니, 너무 신기해.

양서류는 완전한 육상 동물은 아니었어. 왜 그럴까?

신기한 스쿨버스 ⑬

※ 가위를 사용할 때 손을 다치지 않도록 유의해 주세요.

❹ 그 답이 질문에 알맞은 답이면 'Q'와 'A' 카드를 모두 가져오고, 'Q' 카드를 다시 한 장 고른다.
❺ 틀린 답이면 'Q'와 'A' 카드를 모두 캐릭터가 크게 그려진 쪽이 보이게 내려놓는다.
❻ ②~⑤를 반복한다.
❼ 질문인 'Q' 카드와 그에 알맞은 답인 'A' 카드를 짝지어 3쌍의 카드를 먼저 가지는 쪽이 승리!

 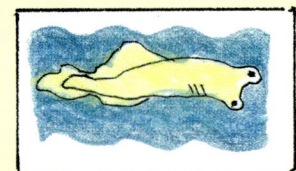 

프리즐 선생님 솔직한 한마디: 여러분이 원하면 언제든 모험을 떠날 거예요!	 **해면동물** 좌우명: 바위에 딱 붙어서 떨어지지 말자.	 **아널드** 성격: 겁이 많고, 맨날 집에 가고 싶어 함.
지느러미가 광선 무늬로 된 물고기는 두 가지 큰 특징을 가지고 있어요. 뭔지 말해 볼까요?	맞아. 녹조 식물이야. 식물이 동물보다 먼저 육지에 생겼다는 건 당연히 알고 있었겠지?	얼굴 앞쪽에 눈이 있고, 손과 발이 있어. 손가락과 발가락에 납작한 손발톱도 나 있지. 자, 3초 줄게. 3, 2, 1! 정답은?
공룡 하고 싶은 말: 먹어도 먹어도 배가 고프다! 크아앙!	 **도로시 앤** 취미: 책 읽고 새로운 지식 얻기.	 **보** 장래 희망: 프리즐 선생님 반으로 전학 오기
양서류의 알이랑 새끼는 물에서 자라야 했어. 양서류의 알은 껍데기가 없어서, 땅에 낳으면 바싹 말라 버리거든.	우리처럼 말도 할 수 있고, 생각할 수 있고, 배울 수 있어요. 누군지 알겠나요?	답은 해면동물! 근데 왜 힌트가 바위냐고? 글쎄, 18쪽을 다시 한번 읽어 봐!

글쓴이 조애너 콜
어린 시절 벌레, 곤충을 다룬 책들을 즐겨 읽는 과학 소녀였습니다. 초등학교 교사, 사서, 어린이 책 편집자로 일하다가,
어린이 문학과 과학 지식을 결합한 어린이 책을 쓰기로 결심했습니다. 첫 번째 책 『바퀴벌레』를 시작으로 90권이 넘는 책을 펴냈고,
2020년 7월 세상을 떠났습니다. 그중 가장 널리 알려진 「신기한 스쿨버스」 시리즈로 워싱턴 포스트 논픽션상,
데이비드 맥코드 문학상 등 많은 상을 받았습니다.

그린이 브루스 디건
미국 뉴욕 쿠퍼 유니언 대학과 프라트 대학에서 일러스트를 공부했습니다. 「신기한 스쿨버스」 시리즈를 비롯해
「프리즐 선생님의 신기한 역사 여행」 시리즈, 「토드 선장」 시리즈 등 40권이 넘는 어린이 책에 그림을 그렸습니다.

옮긴이 이한음
서울대학교 생물학과를 졸업하고 과학 전문 번역을 하고 있습니다. 지은 책으로 『바스커빌 가의 개와 추리 좀 하는 친구들』,
『생명의 마법사 유전자』 등이 있고, 옮긴 책으로 『다윈의 진화 실험실』, 『북극곰과 친구 되기』,
『인간 본성에 대하여』, 『핀치의 부리』, 『DNA : 생명의 비밀』, 『조상 이야기』 등이 있습니다.

감수 서울초등기초과학연구회
서울시 교육청 관내 초등교사 100여 명이 모인 연구회로, 과학책을 편찬하고 교육 프로그램을 개발하여 현장에 적용하고 있습니다.
특히 한국연구재단과 함께 '금요일의 과학터치' 사업을 10년째 운영하며, 초등 과학 교육의 대중화에 앞장서고 있습니다.

전 세계 1억, 국내 1천만의 신화, 어린이 과학책의 베스트셀러
신기한 스쿨버스™ 시리즈

신기한 스쿨버스™ 키즈 (전 30권)
조애너 콜 글 · 브루스 디건 그림 | 이강환, 이현주 옮김 | 5세 이상
우리 아이의 첫 과학 그림책. 아이가 좋아하는 내용으로 **과학 호기심이 쑥쑥**.

신기한 스쿨버스™ (전 11권)
조애너 콜 외 글 · 브루스 디건 외 그림 | 이한음, 이강환, 김현명 옮김 | 6세 이상
혼자 읽기 좋은 과학 동화. 읽기 적당한 분량으로 **과학과 책 읽기에 자신감이 쑥쑥**.

신기한 스쿨버스™ (전 13권)
조애너 콜 글 · 브루스 디건 그림 | 이강환, 이연수, 이한음 옮김 | 8세 이상
전 세계에서 사랑받는 과학책의 베스트셀러. 더 많은 정보로 **과학 이해력이 쑥쑥**.